RÉPONSE

Des Recteur, Doyens, Procureurs & Supôts de l'Université de Paris,

AU Mémoire du Sieur DE LA PEYRONNIE, *Premier Chirurgien du Roy, & du Corps des Chirurgiens de Paris, inseré dans l'Arrêt du Conseil du vingt-six Octobre mil sept cent quarante-trois.*

QUE n'a-t'il été possible à l'Université de concilier les disputes qui agitent la Faculté de Médecine & le Corps des Chirurgiens de Paris, & quelle auroit été sa satisfaction, si au lieu de présenter au Roy & à Messieurs les Commissaires, une Réponse au Mémoire qui lui a été communiqué, elle eût pû leur apporter un Concordat, qui établit entre ces deux Corps une union désirée depuis si long-tems, & si avantageuse au Public ?

Les efforts que font les Chirurgiens pour se rendre de plus en plus utils à leur Patrie, & pour perfectionner un Art dans lequel ils ont fait de si grands progrés, ne peuvent qu'être applaudis par tous les Ordres du Royaume ; la qualité de Maîtres ès Arts, dont la Déclaration du 23 Avril 1743, vient de faire une loi de leur état, semble même devoir intéresser, encore plus particulierement, les Universités en leur faveur.

L'Université de Paris ne leur refusera jamais les loüanges qui leur sont dûes ; les hommages qu'on rendra aux Lettres seront toujours à ses yeux un tribut précieux & digne de toute sa reconnoissance.

Mais, quelques sinceres que soient ces sentimens, un autre objet doit ici fixer ses attentions ; c'est la conservation des droits, des usages, des prérogatives qui forment son principal appanage & font de l'essence même de sa Constitution.

Honorée de la protection spéciale de nos Rois, elle se rendroit indigne des bienfaits qu'elle en a reçûs, si elle n'employoit tous ses efforts pour conserver dans toute leur splendeur & leur intégrité les Priviléges qu'ils ont bien voulu lui accorder.

A

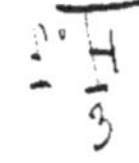

La Faculté de Médecine contre laquelle les Chirurgiens employent tous leurs efforts, lui est unie par des liens si anciens, & si chers, que les intérêts de cette Faculté deviennent nécessairement les siens; Membre de l'Université, les atteintes qu'on voudroit lui porter intéressent nécessairement tout le Corps.

L'Arrêt que le Roy a rendu le 26 Octobre 1743, indique au surplus à l'Université la route qu'elle doit tenir dans cette affaire; ayant ordonné que le Mémoire que les Chirurgiens lui ont présenté seroit communiqué à l'Université & à la Faculté de Médecine, il a donc voulu être instruit de leurs droits respectifs, il a voulu connoître si les Réglemens que les Chirurgiens lui proposoient de sceller de son autorité, n'avoient rien de contraire aux Priviléges de deux Corps, aux intérêts desquels l'on peut dire qu'il a par-là suffisamment déclaré qu'il ne vouloit donner aucune atteinte.

Les Chirurgiens ne se sont pas contentés de demander la confirmation des différentes Chartres qui leurs ont été accordées jusqu'à présent; ils ont senti que les Priviléges qu'ils vouloient obtenir alloient encore plus loin; ils avouent même dans leur Mémoire *que leurs Titres ne sont plus éclairés par la notorieté de l'exécution.* C'est pourquoi ils supplient le Roy d'autoriser, *par forme d'interprétation & de concession nouvelle*, les différens articles qu'ils proposent.

Quoique le Roy soit le Maître absolu de ses graces, il est trop juste pour vouloir détruire par forme de confirmation, ou d'interprétation, ou de concession nouvelle les droits qui sont acquis à d'autres Corps par des Titres légitimes, & la communication qu'il a ordônnée par son Arrêt du 26 Octobre 1743, annonce assés que les Chirurgiens ne doivent pas se flatter qu'il le fasse en leur faveur.

Tout consiste donc à rechercher les droits de l'Université & de la Faculté de Médecine, & à examiner s'ils peuvent se concilier avec les différentes prétentions des Chirurgiens. Comme la Faculté de Médecine expliquera ceux qui la concernent en particulier, on ne s'attachera, pour l'Université, qu'à ce qui peut intéresser ses Constitutions Générales.

LES Priviléges que les Chirurgiens détaillent dans leur Mémoire, & dont ils demandent la confirmation ou plutôt la concession, se réduisent à cinq : 1°. *La supériorité immédiate du premier Chirurgien sur le Corps des Chirurgiens, comme Chef de la Chirurgie.* 2°. *Le Droit exclusif de convoquer les Chirurgiens de Paris, d'examiner ceux qui aspirent à la profession de la Chirurgie, & de leur conférer seul la Licence, sans que nuls autres que les Chirurgiens puissent avoir droit d'interroger, approuver, ni assister à leurs Examens, Réceptions & Actes.* 3°. *L'exécution pleine & absolue de tous leurs Statuts & de toutes les Chartres, Lettres Patentes & Réglemens, dont ils ont fait donner copie.* 4°. *La participation du même Etat, & des mêmes Droits & Priviléges, Titres, Qualités, Degrés & marques de distinction dont jouissent les Docteurs, Regens & autres Membres de l'Université de Paris.* 5°. *Le Droit de faire des Leçons publiques, de Lire, Enseigner, Dicter, Démontrer publiquement l'Art & Science de la Chirurgie ou Médecine Chirurgique.*

De ces cinq Priviléges il n'y en a que trois qui paroiffent intéreffer
le Corps de l'Univerfité; le droit que le premier Chirurgien voudroit
s'attribuer de donner des Licences; la jouiffance des mêmes Droits, Titres,
Degrés, Priviléges, Qualités dont jouiffent les Membres de l'Univerfité; &
le droit de faire des Leçons publiques.

Quoique les Chirurgiens ayent affecté de ne point s'expliquer fur
ce droit de donner des Licences, toutes les Piéces qu'ils ont fait figni-
fier, font affés fentir que le premier Chirurgien voudroit conférer dans
la Communauté des Chirurgiens les mêmes dégrés de Bacheliers, de
Licencié & de Maîtres qui fe conférent dans les Univerfités.

Il n'y a perfonne qui, à la fimple propofition de ces prétentions, ne
fe demande à lui-même à quel titre le premier Chirurgien & les Chirurgiens réclament ces difcrentes prérogatives.

Les Priviléges dont les Roys ont gratifié les Univerfités, & en
particulier l'Univerfité de Paris, n'ont été accordés qu'aux Corps de ces
Univerfités & aux différens Membres qui les compofent ; ce font des
Priviléges perfonnels & incommunicables par leur nature à tous ceux
qui n'en font point partie.

Les Univerfités & les Facultés qui leurs font aggregées, ont feules le
droit de conférer les dégrés de Bacheliers, de Licenciés, de Docteurs ou de
Maîtres : à elles feules appartient le droit de faire des leçons publiques, de
lire, d'enfeigner publiquement ; ces appanages précieux & les exemptions
dont ils ont été accompagnés forment leurs véritables richeffes ; c'eft un
patrimoine fpécial qu'ils tiennent de la bonté de nos Roys, & auquel tous
ceux qui ne font point partie de leurs Corps, quelques recommandables
qu'ils puiffent être d'ailleurs, n'ont jamais été admis à participer.

L'on peut dire que les Chirurgiens le reconnoiffent eux-mêmes,
puifqu'ils ne demandent ces Priviléges que pour en jouir, *ainfi qu'en*
ufent les Membres de l'Univerfité, comme *ayant été réputés du Corps de*
l'Univerfité & du nombre de fes Supôts, comme *faifant partie du Corps*
de l'Univerfité, comme *Membres de l'Univerfité*. Ce font les expreffions
même de leurs Lettres de 1544, 1577, 1611 & 1644.

S'ils ne peuvent demander ces Priviléges, & s'ils ne les demandent
en effet que comme Membres & faifant partie du Corps de l'Univerfité,
tout fe réduit donc à examiner s'il eft vrai qu'ils faffent partie de
l'Univerfité, & à quel titre, en quelle qualité ils lui font aggrégés.

S'ils ne font pas partie de l'Univerfité, elle ne peut jamais con-
fentir qu'ils participent à fes Priviléges, & ils ne peuvent jamais eux-
mêmes le prétendre. S'ils en font partie, en quelle qualité, par quel
canal en font-ils devenus membres ? C'eft ce qu'on ne peut chercher
que dans les Regiftres même & dans l'Hiftoire de l'Univerfité ; quand
on aura rendu compte de ce qu'on y trouve à leur fujet, il fera facile
d'en faire l'application à leurs titres & à leurs prétentions.

IL eft certain qu'on ne trouve dans l'Hiftoire de l'Univerfité aucun
veftige des Chirurgiens jufqu'en 1436.

L'Edit de Philippe le Bel, du mois de Novembre 1311, qui eft leur
plus ancien titre, ceux de 1352, 1364, 1370 & 1381 qui l'ont fuivi,
n'en font aucune mention.

On y voit à la vérité qu'ils subissoient entr'eux des examens, à la suite desquels on leur donnoit la permission d'exercer la Chirurgie, qu'à cause du service qu'ils étoient obligés de rendre à toute heure au Public, on les avoit même exemptés du Guet ou de la garde des Portes, mais il est constant qu'il n'y est pas dit un mot de l'Université.

<table><tr><td>Tom. 1 liv. 9. chap. 30. pag. 957.</td><td></td></tr></table>

C'est ce qui a fait observer à Me Etienne Pasquier dans ses Recherches, que *combien que la Chirurgie fasse part & portion de l'art de la Médecine, qui est l'une des quatre Facultés de l'Université de Paris, ce néanmoins celle de la Chirurgie n'y peut sur son avénement trouver place* : ce qu'il confirme par trois raisons ; l'une, que dans l'Edit de 1311 & dans ceux de 1352 & 1364, qu'il rapporte, *il n'est fait aucune mention de l'Université, ains de la Ville & Vicomté de Paris.* La seconde, *que leur rendez-vous n'étoit point en leur réception pardevant le Chancelier de l'Université, ains le Prevôt de Paris.* La troisiéme, *que l'on-recevoit à cette Charge les femmes aussi-bien que les hommes,* NULLUS CHIRURGICUS, NULLA VE CHIRURGICA, disent ces Edits, *profession,* ajoute cet Auteur, *du tout imcompatible avec celle de l'Université.*

Le 13 Décembre 1436, quelques Chirurgiens se présentèrent à une Assemblée de l'Université, qui se tenoit aux Mathurins, & après lui avoir exposé qu'il s'étoit introduit dans la Ville & Vicomté de Paris plusieurs faux Chirurgiens, qui n'avoient point été examinés & approuvés par les Chirurgiens Jurés du Châtelet & par le Prevôt, ils lui demandèrent de les regarder, & tous ceux qui seroient reçus à l'avenir dans cet Art, comme ses Disciples ou Ecoliers, *reputare Scholares,* & de consentir qu'ils jouissent des Priviléges, Franchises & Exemptions qui lui avoient été accordés : *ac ipsos Privilegiis, Franchisiis, Libertatibus & immunitatibus nobis concessis & concedendis uti & gaudere, ac ipsos juvare vellemus.*

Encore que l'Université de Paris ne réputa ce Collège, dit Pasquier, *l'un de ses membres, en considération de son ménage actuel, rude, fâcheux & cruel, toutes fois elle ne lui envia qu'il jouit des mêmes Priviléges que les autres Facultés.* Mais comme elle ne pouvoit regarder les Chirurgiens comme ses Disciples ou Ecoliers, que comme fréquentans les Ecoles de la Faculté de Médecine, elle y ajouta cette condition, qu'ils continueroient de prendre les leçons de cette Faculté, comme ils avoient coutume de le faire, *nos verò post maturam diuturnamque deliberationem, super præmissis more solito præhabitam, supplicationem prædictorum Chirurgorum concessimus & concedimus, proviso tamen quod ipsi lectiones Magistrorum actu Parisius in Facultate Medicinæ Regentium, ut moris est, frequentent.*

Cette facilité que l'Université eût lors pour eux, a peut-être été la source de toutes les contestations qui se sont élevées dans la suite.

On voit par un Procès-Verbal fait par deux Notaires Apostoliques, dans une Assemblée de la Faculté de Médecine du 3 Janvier 1505, qu'après avoir voulu se séparer d'elle, ils furent obligés de la reconnoître & de s'avoüer ses Ecoliers.

Il s'introduisit peu de tems après, entre la Faculté de Médecine & eux, un procès en forme, au sujet des actes de Bacheliers qu'ils fai-

soient

foient faire à leurs afpirans : la Faculté de Médecine ayant demandé à ce fujet dans une Affemblée du 12 Novembre 1508 l'adhéfion de l'Univerfité, elle lui fût accordée. *Petita eft per Decanum adjunctio Univerfitatis in Proceffu quem Facultas habebat, eò quòd Chirurgici actus Baccalaureorum in graviffimum Univerfitatis detrimentum faciebant, cui porrectæ fupplicationi fe adjunxit Univerfitas.*

Pafquier qui rapporte ce trait d'hiftoire, ajoute que ce procès fut suivi en 1510 d'un acte qu'il appelle *acte de pacification*, en conféquence duquel il y eut cinq Médecins députés pour s'affembler avec les Chirurgiens, mais *qu'il ne voit pas quelle fin eût le procès*, & que *ce ne fut qu'une furféance d'armes*.

François Premier ayant ordonné en 1515 qu'il feroit levé dans fon Royaume une contribution affez confidérable, à laquelle les exempts & les non exempts feroient également affujettis, l'intérêt qu'avoient les Chirurgiens de fe ranger fous les aîles de l'Univerfité pour s'en affranchir, les engagea à implorer de nouveau fon fecours.

Ils s'adrefferent d'abord à la Faculté de Médecine ; ils réclamèrent la qualité d'Ecoliers, en vertu de laquelle ils étoient regardés comme étant du Corps de l'Univerfité, *tanquam veri Scholaftici, & de corpore & numero dictæ almæ Univerfitatis Parifius*, & lui demandèrent de les reconnoître pour tels, & de les faire jouir de fes Priviléges, *quatenùs vellemus prædictos Chirurgicos & cæteros in futurum in dictâ fcientiâ & Arte Chirurgicâ, prout decet approbatos, reputare, quemadmodum & jamdudùm reputavimus noftros Scholafticos, ac ipfos in dictis privilegiis & immunitatibus, quibus hactenùs ufi funt, manu tenere & confervare, nec-non juvare vellemus*; la Faculté de Médecine confiderant que la Chirurgie qu'ils exerçoient étoit une partie de la Médecine, accéda à leur demande par un Decret du 17 Novembre, *Nos verò poft diuturnam maturamque deliberationem fuper præmiffis more folito præhabitam, & attento quòd dicti Chirurgici partem Medicinæ, videlicet Chirurgiam exercent, fupplicationem dictorum Chirurgorum conceffimus & concedimus.*

L'Univerfité s'étoit pourvuë, pour obtenir l'affranchiffement de fes Supôts, qui lui fut en effet accordé par une Déclaration du 22 Novembre ; les Chirurgiens en ayant été informés, fe préfentèrent le 5 Mars fuivant dans une Affemblée générale qui fe tint aux Mathurins.

Ils repréfentèrent les Lettres de 1436, par lefquelles l'Univerfité les avoit déja reconnus, *qualiter Magiftros in Chirurgiâ pro tempore exiftentes, & cæteros in futurum reputavimus Scholares*; ils lui demandèrent de leur en donner une nouvelle déclaration ; l'Univerfité après avoir confulté fes Facultés, avoir examiné les Lettres de 1436, acquiefça à leur demande.

Pafquier rapporte dans fes recherches une copie tirée des Archives de Saint Côme, des Lettres qu'ils fe firent délivrer, dans laquelle il eft dit que l'Univerfité adhéra à leur réquifition, comme étant Ecoliers ou Difciples de la Faculté de Médecine, *quâ quidem fupplicatione factâ maturâque deliberatione per fingulas Facultatès, ut moris eft, præhabitâ, ftquam nobis conftitit de Litteris noftris per nos aliàs iifdem Magiftris con-*

Pafquier, id. pag. 967.

Idem, pag. 962.

L'année ne commençoit lors qu'à Pâques.

Idem, pag. 961.

B

ceßis & nobis exhibitis, & publicè lectis, supplicationi eorumdem Magistrorum annuimus tanquam Scholares ejusdem Facultatis.

Tom. 6. pag. 70.

Duboulay rend compte dans son Histoire de l'Université, des motifs qui déterminèrent lors l'Université, & remarque, qu'elle déclara qu'elle ne les recevoit point dans son Corps comme Licenciés ou Maîtres en Chirurgie faisant une cinquiéme Faculté, mais comme Ecoliers de la Faculté de Médecine, & pourvu qu'ils en frequentassent les Leçons, *ad quam supplicationem ex maturis deliberationibus singularum Facultatum D. Rector, M. Michael du Monceau, conclusit quòd D.D. Chirurgici admittantur in gremium & consortium Universitatis, non tanquam Licentiati aut Magistri in Chirurgiâ facientes quintam Facultatem, sed tanquam Scholastici Facultatis Medicinæ, dummodò frequentent Lectiones & actus Medicinæ.*

Telle étoit la situation des Chirurgiens par rapport à l'Université, lorsqu'ils obtinrent du Roy François Premier leurs Lettres du mois de Janvier 1544.

On avoit voulu leur faire quelque difficulté sur leurs exemptions, principalement sur ce que plusieurs d'entr'eux étoient mariés ; ils exposerent à ce Prince *qu'ils avoient été réputés du Corps de l'Université, & du nombre de ses Supôts* ; & sur cet exposé il déclara qu'il vouloit *que ceux qui résideroient à Paris, tant mariés que non mariés, jouissent des privileges, franchises, libertés, immunités & exemptions dont les Ecoliers, Docteurs, Régens, & autres Gradués & Supôts de l'Université avoient accoutumé de jouir*, & qu'en conséquence on ne leur demanda entre autres, aucuns droits de Tailles, Aydes, Octrois & autres impositions.

François Premier ne les ayant confirmé dans ces Priviléges que sur le fondement qu'ils avoient été réputés du Corps de l'Université & du nombre de ses Supôts, il est évident que ces Lettres étoient relatives aux Décrets de 1436 & 1515, dont on vient de rendre compte, qu'ainsi ces Priviléges ne leurs étoient accordés de même que dans ces Décrets, qu'en qualité de Disciples & Ecoliers de la Faculté de Médecine.

Il est vrai qu'on y trouve en différens endroits les termes de College, de Dégrés, Professeurs, Bacheliers, Licenciés ; mais ces énonciations ne pouvoient jamais changer leur qualité, comme on l'expliquera plus particuliérement dans la suite.

Soit que ces expressions eussent donné lieu à quelques difficultés, soit que cette communication indéfinie des Priviléges de l'Université à des gens mariés fut contestée, ces Lettres ne furent point enregistrées au Parlement, quoiqu'il y eut eu à ce sujet jusqu'à trois Lettres de Jussion.

Henry II les confirma au mois de Mars 1547 dans leurs Priviléges, mais on n'inséra dans les Lettres qu'il leur accorda, aucune de ces expressions, il n'y fut pas même parlé de l'Université.

En 1551 il paroît qu'ils voulurent méconnoître cette qualité de Disciples ou Ecoliers de la Faculté de Médecine.

Duboulay, tom. 6. p. 447.

Le Doyen de la Faculté de Médecine s'en plaignit dans une Assemblée de l'Université du 9 Décembre ; il y rappella ce qui s'étoit passé en 1515, le Décret de l'Université, les différentes conclusions de la Faculté ; le Greffier de l'Université en fit même la lecture ; il fut constaté qu'on ne les avoit admis à participer aux Priviléges de l'Université, qu'à condition qu'ils se reconnoîtroient Disciples ou Ecoliers de la Faculté de Médecine, *dummodò dicant se Scholares Facultatis Medicinæ*, qu'ils prêteroient le serment accoutumé le jour de Saint Luc, & fréquenteroient les Leçons de Faculté, *& quòd frequentabunt lectiones & acta Medicinæ* ; il fut conclu qu'ils seroient rayés des Registres de l'Université, à moins qu'ils n'exécutassent les conditions sous lesquelles elle les avoit reçus, *conclusum fuit quòd prædicti Chirurgi delebuntur de Registris Universitatis, nisi adimpleant leges, & omninò pareant conditionibus quas olim receperunt, & quibus se astringi voluerunt.*

On prétend qu'en conséquence de ce Decret, ils se raccommodèrent avec les Médecins, & leur prêtèrent le serment ordinaire.

Au mois de Mars 1567, Charles IX leur donna de nouvelles Lettres de confirmation ; comme elles étoient générales, & ne faisoient aucune mention de degrés & de ces qualités de Bacheliers, Liciciés & Maîtres en Chirurgie, qu'il n'y étoit pas même parlé de l'Université, elles furent enregistrées, *pour en jouir par eux, ainsi qu'ils en avoient cy-devant bien & dùement joui & usé, & encore usoient de présent.*

Ils en obtinrent encore de semblables au mois de Janvier 1576, d'Henry III ; ils furent même affranchis par un Brevet du 8 Janvier, de la finance qu'on leur demandoit à ce sujet, comme étant du Corps de l'Université.

Il s'éleva au mois de Novembre de la même année 1576 une grande dispute entre les Médecins & eux.

Elle fut portée le 13 Novembre dans une Assemblée de l'Université qui en renvoya l'examen aux Députés qui composoient son Tribunal ordinaire, devant lesquels elle enjoignit aux Chirurgiens de rapporter les Lettres qu'ils prétendoient avoir en leur faveur. Idem, pag. 752.

L'Assemblée des Députés se tint le 23 du même mois en présence d'un grand nombre de Médecins & de Chirurgiens, & il y eut de part & d'autre des especes de Plaidoyers qui sont rapportés par Duboulay. Idem.

Il paroît que les Chirurgiens demandoient qu'il leur fût permis de faire des Leçons publiques ; le Syndic de l'Université fit observer qu'il falloit bien prendre garde qu'en leur donnant cette permission, on n'introduisît dans l'Université une cinquiéme Faculté également contraire à ses droits & à ses constitutions. *Vignerus Procurator Fisci supplicavit ut inter deliberandum diligenter ab omnibus caveretur, ne si Chirurgis permitteretur publicè profitendi licentia, quinta quædam Facultas contrà Universitatis jura & leges de novo introduceretur.*

Les Médecins insistèrent sur le Decret de 1515, dont le Doyen fit lui-même la lecture.

Les Chirurgiens s'étant récriés qu'ils n'étoient point les Ecoliers des Médecins, qu'ils ne vouloient point les reconnoître pour leurs Maîtres, le Doyen de la Faculté de Médecine observa que personne n'avoit droit de faire des Leçons publiques, à moins qu'il ne fût du

Corps de l'Université, & d'une des quatre Facultés qui la composent, *Nemini munus publicè docendi in Academiâ concedi debet , nisi sit è gremio & consortio unius è quatuor Facultatibus, quæ totum Academiæ Corpus constituunt ;* que n'étant ni de la Faculté de Théologie , ni de celle de Droit, ni de celle des Arts , puisqu'ils ne vouloient point être de celle de Médecine , ils ne pouvoient avoir aucun droit de faire des Leçons publiques , sans quoi ce seroit introduire dans l'Université contre toutes ses loix , une cinquiéme Faculté : *Non est igitur illis quippe , ab his quatuor totius Academiæ Facultatibus exclusis ulla publicè in Academiâ docendi potestas concedenda , alioquin quinta Facultas est in Academiam introducenda , cujus vi publicum in eâ docendi munus obire possint , quod quoniam Academiæ Decretis & legibus omninò repugnat fieri nullo modo debet.*

Les Chirurgiens voulurent d'abord se rejetter du côté de la Faculté des Arts ; le Doyen de Médecine leur répondit que l'usage de la Faculté des Arts n'étoit point lors d'admettre dans son Corps des gens mariés, que plusieurs d'entr'eux n'étoient point Maîtres-ès-Arts, que d'ailleurs la Faculté des Arts n'étoit composée que de ceux qui étoient attachés aux Humanités, aux Lettres & à la Philosophie, *deindè verò Facultas Artium suis circumscripta finibus, ea demùm quæ ad Artes Humaniores undè nomen habet, & philosophandi rationem pertinent, non autem quæ sunt Artis Chirurgicæ, profiteri debet.*

Ils requirent d'être aggrégés à la Faculté de Médecine ; le Recteur leur demanda en quelle qualité, & observa qu'il ne paroissoit pas que ce pût être comme supérieurs ni comme égaux aux Médecins, que comme leurs inférieurs & leurs Disciples ils venoient de déclarer qu'ils ne le vouloient pas être.

N'ayant plus rien à répondre, ils se rejettèrent sur leurs Lettres d'Octroi, dont ils laissèrent au Recteur une copie.

On les fit retirer aussi bien que les Médecins ; & après avoir délibéré depuis une heure jusqu'à cinq, l'importance de l'affaire détermina les Députés à en renvoyer la décision à une Assemblée générale de l'Université.

Idem , pag. 755.

Cette Assemblée s'étant tenuë aux Mathurins le 7 Décembre, la question y fut mise de nouveau en délibération ; on y rapporta une lettre du Chancelier de l'Université, qui demandoit qu'on accordât aux Chirurgiens la permission de faire des Leçons publiques, & offroit de leur donner la Bénédiction Apostolique ; le Doyen de la Faculté de Médecine représenta que n'étant Membres d'aucune des quatre Facultés, n'y ayant fait aucun cours d'étude sous les Professeurs qui y etoient inscrits, on ne pouvoit leur donner la Bénédiction Apostolique.

L'affaire discutée & examinée, la Faculté de Droit fut d'avis de la renvoyer, suivant que l'avoit requis le Syndic, aux Avocats de l'Université ; toutes les autres voix se réünirent pour les exclure de l'Université, & c'est ce qui fut conclu par le Recteur : *Rector tandem aliquando statuit Chirurgos ab Academiâ consortio & cœtu procul esse arcendos, & omni publico & privato docendi munere omninò privandos.*

On a cru devoir rapporter exactement ce qui se passa lors, parce que, tout ce que l'on peut proposer sur cette question, paroît y avoir été agité.

Les

Les Chirurgiens n'ayant pû réuſſir du côté de l'Univerſité, s'adreſ-
ſerent de nouveau à Henry III; ils lui expoſerent que quoique François I les eût maintenus dans leurs Priviléges ſous l'autorité de l'Univerſité, ſous prétexte qu'il n'avoit pas été fait dans ſes Lettres une
mention expreſſe du droit de faire des Lectures publiques, leurs enne-
mis vouloient les en empêcher; Henry III voulut bien leur accorder
cette prérogative; mais il ne le fit encore que dans la ſuppoſition qu'ils
faiſoient partie du Corps de l'Univerſité, *déſirant favoriſer la grandeur*
& augmentation de l'Univerſité, & après s'être fait repréſenter les Priviléges qui leur donnoient les mêmes franchiſes & immunités qu'aux
autres Membres de l'Univerſité, & en les confirmant & interprétant,
il leur donna permiſſion de continuer des Lectures publiques de leur
Art & Science de Chirurgie.

Cette Déclaration ayant été préſentée au Parlement pour y être
enregiſtrée, comme il étoit queſtion de vérifier s'ils faiſoient effecti-
vement partie de l'Univerſité, & à quel titre, en quelle qualité ils en
étoient devenus Membres, à quelle Faculté ils étoient aggrégés, le Par- Idem , pag: 757.
lement prit le même parti que le Roy a bien voulu prendre par ſon Arrêt
du 26 Octobre 1743. Par Arrêt du 12 Février 1577, rendu ſur les
Concluſions du Sieur Procureur Général, il ordonna qu'avant de pro-
ceder à la vérification, ces Lettres *ſeroient communiquées à l'Univerſité &*
à la Faculté de Médecine, pour, eux ouïs, être ordonné ce que de raiſon.

Les Chirurgiens inſtruits des moyens que l'Univerſité étoit en état
de leur oppoſer, ne jugèrent pas à propos de ſuivre l'exécution de cet
Arrêt; ils imaginèrent de s'adreſſer à Grégoire XIII, de qui ils obtinrent
le premier Janvier 1579, un Indult qui leur permit de recevoir la
Bénédiction Apoſtolique du Chancelier de l'Univerſité, & de Profeſſer, Enſeigner, Démontrer & Exercer publiquement la Chirurgie.

Parût au mois de May de la même année l'Ordonnance de Blois,
dans laquelle les principes ordinaires *ſur le Droit des Univerſités, de* Art. 68. 69. & 70.
Lire, Enſeigner & Graduer, ſe trouvèrent rappellés; il fut entr'autres
ordonné *qu'il ne ſeroit délivré aucuns Mandemens par les Conſervateurs* Art. 83.
des Priviléges Apoſtoliques & Royaux, ni par leurs Greffiers, aux Ecoliers,
Docteurs, Régens, & autres Supôts & Officiers de l'Univerſité, qu'il ne
leur apparut des Lettres Teſtimoniales de l'Etude, Régence, Lecture & Ser-
vice; que les Lettres Teſtimoniales des Ecoliers ne vaudroient à moins qu'el-
les ne fuſſent ſignées de leurs Principaux ou Docteurs actuellement Régens,
liſans ordinairement, & qu'elles ne ſeroient délivrées qu'aux Ecoliers pré-
ſens en perſonne, & qui ſe ſouſcriroient au papier du Recteur. Il fut pareillement arrêté que *les Examens ſeroient faits , & chaque degré paſſé en* Art. 84.
public en préſence des Maîtres & Docteurs Régens de la Faculté dans la-
quelle on ſeroit immatriculé : & que *les Degrés ne ſeroient conférés qu'à* Art. 85.
ceux qui auroient étudié le tems marqué par les Ordonnances, & en rappor-
teroient Certificat de leurs Régens & Recteurs.

Non ſeulement il n'y fut fait aucune mention des Priviléges que
prétendoient les Chirurgiens; il paroît même qu'on les regarda uni-
quement comme des Diſciples de la Faculté de Médecine, puiſqu'on
ordonna dans l'article 87, *qu'il n'en ſeroit reçu aucun dans les Villes où*

il y avoit Université, que les Docteurs-Régens en Médecine n'euſſent été
préſens à leurs Actes & Examens & ne les euſſent approuvés.

L'Univerſité ne vouloit plus les reconnoître depuis ce qui s'étoit
paſſé en 1576; elle étoit ſur-tout bien éloignée d'approuver les Actes
ou Exercices qu'ils s'efforçoient de faire faire chez eux.

C'eſt pourquoi l'on voit qu'elle recommanda expreſſément à un
Recteur, qu'elle élut le 16 Décembre 1579, de ne point aſſiſter en ſa
qualité de Recteur à leurs Actes, comme ayant été rejettés de l'Univerſité, *Chirurgorum Actibus tanquàm ab Academiâ expulſorum, ne ut
Rector intereſſet.*

Elle avoit interjetté, auſſi-bien que la Faculté de Médecine, appel
comme d'abus de l'Indult de Grégoire XIII; la cauſe fut plaidée authentiquement en 1582, & appointée, après pluſieurs Audiences, par
un Arrêt du 21 Mars; les Chirurgiens ayant inſiſté ſur la Proviſion,
le Parlement ne jugea pas à propos de la leur accorder : il fut dit que
la Cour verroit les Arrêts.

Pendant que ce Procès s'inſtruiſoit, ils obtinrent d'Henry IV, au
mois d'Octobre 1594, des Lettres confirmatives de leurs Priviléges, qui
n'étoient à la vérité conçues qu'en termes généraux, *ainſi que leurs
Prédéceſſeurs & eux en avoient ci-devant bien & paiſiblement joui & uſé,*
& ne faiſoient aucune mention des Priviléges de l'Univerſité, ni des
dégrés, ni du droit de faire des Leçons publiques.

En 1596 ils ſe racommodèrent avec la Faculté de Médecine, & en
1597 ces Lettres furent enregiſtrées.

L'on procéda en 1598 à la derniere réformation de l'Univerſité,
dans laquelle il ne fut fait encore aucune mention de leurs Droits,
ni de leurs Priviléges; il paroît même qu'on ne les regarda toujours
que comme des Diſciples ou Ecoliers de la Faculté de Médecine,
puiſque l'on recommanda, entr'autres dans l'article 10 de l'Appendix,
aux Docteurs en Médecine qui enſeignoient les Chirurgiens, de ne
leur enſeigner que ce qui regardoit la Chirurgie.

En 1608, un Chancelier de l'Univerſité ayant jugé à propos de conférer la Bénédiction Apoſtolique à quelques Aſpirans en Chirurgie,
l'Univerſité & la Faculté de Médecine en interjettèrent de nouveau
appel comme d'abus.

Henry IV eût la bonté d'écrire pour eux le dernier Février 1609
une Lettre aux Gens tenans ſa Cour de Parlement, par laquelle il leur
recommandoit, en jugeant le Procès ſur l'Appel comme d'abus de l'Indult de Grégoire XIII, de leur conſerver leurs Priviléges comme aux
autres Membres de l'Univerſité.

La cauſe ſur ce nouvel appel comme d'abus ayant été plaidée, fut
appointée & jointe au Procès par Arrêt du 21 Mars 1609; il fut
même ordonné qu'il ſeroit ſurcis à l'exécution de l'Indult.

Il eſt vrai que, quoique les Chirurgiens n'euſſent pas pû ſeulement
obtenir la Proviſion, Severin Pineau, l'un d'eux, ayant fait des découvertes extrémement utiles *ſur la Taille ou l'Extraction du Calcul,* le
Parlement crût qu'il étoit important qu'il en fit part au Public, & que
par un Arrêt du 15 Janvier 1610, il ordonna que le Collége d'Inville

lui fourniroit une Salle pour y faire ses Leçons, Anatomies & Démonstrations pour l'Extraction du Calcul; les Boursiers du Collége & l'Université ayant voulu s'y opposer, on n'y eut aucun égard par un second Arrêt du 27 Mars suivant.

Mais cette exception particulière à laquelle les circonstances du temps & l'utilité qu'on croyoit pouvoir retirer des découvertes de Severin Pineau avoient seules donné lieu, ne décidoit rien, & n'empêchoit point sur-tout que la question des Leçons publiques ne fût indécise, & que la provision n'eut été même refusée aux Chirurgiens.

Ils obtinrent au mois de Juillet 1611 des Lettres confirmatives de Louis XIII ; il n'y fut fait encore aucune mention particulière des priviléges de l'Université ni de ce droit de faire des Leçons publiques ; il est vrai qu'on y trouve les termes de Collège, Faculté, Professeurs, aussi bien que ceux d'examen, instruction & degrés : comme elles ne contenoient qu'une confirmation générale de leurs droits, qui par elle-même n'y ajoutoit rien, elles furent enregistrées ; il faut seulement observer qu'elles ne leur furent accordées comme les autres, que dans la supposition qu'ils faisoient partie du Corps de l'Université.

Personne n'imagina qu'elles pussent rien changer au Procès dont le Parlement étoit saisi ; aussi voit-on que le 31 Décembre de la même année, l'Université fournit des Contredits dans lesquels elle discuta & combatit leurs prétentions.

En 1612 Jacques de Marque, l'un d'entre eux, ayant voulu faire des Leçons publiques ; sur la réclamation de la Faculté de Médecine, par Sentence du Châtelet du 27 Novembre les Parties furent appointées, & cependant *il lui fut fait défenses & aux autres Chirurgiens de Robe longue, d'enseigner, & aux Ecoliers d'y assister, à peine d'amende arbitraire & de prison. Il fut seulement ajouté qu'ils pourroient faire Anatomies à portes ouvertes, & Dissections en présence des Ecoliers, & toutes Opérations Chirurgiques, sans lecture.*

Il y eut une autre Sentence semblable renduë le 12 Octobre 1613 contre Charles Guillemeau & autres Chirurgiens Jurés, *qui leur fit pareillement défenses de lire, enseigner & soutenir Theses en leurs maisons & ailleurs.* La Faculté de Médecine en obtint encore de pareilles dans la même année contre ceux qui prétendoient enseigner publiquement à Saint Côme.

Le premier Février 1624, le Recteur fit faire de sa part des défenses aux Chirurgiens de soutenir les Theses qu'ils avoient fait imprimer, & au nommé Rodot en particulier, d'enseigner à Saint Côme, comme il l'avoit annoncé par un Programme.

Au mois de Janvier 1644 les Chirurgiens obtinrent encore du feu Roy, des Lettres de confirmation à peu près semblables à celles de 1611.

Il ne se passa depuis rien d'important, du moins par rapport à l'Université, jusqu'en 1655 ; la Faculté de Médecine eut encore avec eux différentes discussions, elle obtint entr'autres en 1647 un Arrêt qui fit défenses au Sieur Grangier Chirurgien de Robe longue de se qualifier Professeur en Chirurgie ; mais comme ce sont des faits qui lui sont particuliers ; c'est à elle à les expliquer.

Cette Sentence est dans le Recueil des Statuts de la Faculté de Médecine, fait par Denis Puylon, & imprimé en 1672. pag. 30.

Il y avoit à Paris une Communauté de Barbiers , qui ayant par leur inſtitution la faculté de faire quelques Opérations légères de Chirurgie , s'étoient tellement perfectionnés dans cet Art par les Leçons qu'ils avoient priſes dans la Faculté de Médecine , & avoient fait de ſi grands progrès , qu'ils étoient devenus les rivaux des Chirurgiens de Saint Côme , qu'on appelloit les Chirurgiens de Robe longue ou Chirurgiens Jurés. Le détail de leurs diſcuſſions ne regarde point l'Univerſité.

En 1655 les Chirurgiens de Robe longue & les Barbiers-Chirurgiens jugèrent à propos de s'unir pour ne former qu'une Communauté ; il y eut le premier Octobre de ladite année un Contrat fait entre eux , ſuivi de Lettres Patentes du mois de Mars 1656 , enregiſtrées le 7 Septembre ſuivant.

La Faculté de Médecine forma oppoſition à l'enregiſtrement de ces Lettres & à l'homologation de ce Contrat ; l'Univerſité intervint le 31 Décembre 1659 & ſe joignit à elle ; les Chirurgiens de Robe longue, les Barbiers-Chirurgiens , quelques Chirurgiens particuliers ſe mirent de la partie ; tout cela forma une Cauſe célebre qui ſe plaida en la Grand'-Chambre du Parlement pendant un grand nombre d'Audiences.

L'Arrêt eſt rapporté dans le Recueil de Denis Puylon, pag. 39. & ſuivantes.

On ne rappellera point tout ce qui y fut agité , & ſur-tout ce qui regarde cette union avec les Barbiers ; la Faculté de Médecine la combatoit , & prétendoit que ſi elle avoit lieu , ce ne pouvoit être en tout cas que ſous la condition d'obſerver par tous les Chirurgiens, les Concordats qu'elle avoit faits avec les Barbiers en 1505, 1577 & 1644 ; elle réclamoit différens droits ; mais elle ſoutenoit entr'autres formellement *que les Chirurgiens ne pouvoient ordonner, lire, profeſſer, ni graduer, ſoutenir Theſes , ni donner le Bonnet, prendre la qualité de Bacheliers , Licenciés, ni celle d'Ecole & de College* ; & il paroît qu'elle le ſoutenoit contre tous les Chirurgiens indiſtinctement , & même contre les Chirurgiens de Robe longue ; elle en concluoit qu'à plus forte raiſon les Barbiers-Chirurgiens ne pouvoient jamais aſpirer à ces droits ; elle accordoit aux Chirurgiens de Robe longue, qui étoient Maîtres-ès-Arts, la liberté de porter la Robe & le Bonnet ; mais elle leur conteſtoit tous les autres droits qu'on vient d'énoncer , & prétendoit que cette permiſſion de porter la Robe & le Bonnet, ne pouvoit pas même être communiquée aux Barbiers-Chirurgiens.

Voyez le Plaidoyer de l'Avocat de la Faculté de Médecine , pag. 42. & ſuivantes , & ſingulierement p. 164, 65, 66, 67, 170 & 71.

L'Univerſité ſoutenoit les mêmes prétentions , & ſe plaignoit ſingulierement *de ce que les Chirurgiens vouloient prendre non ſeulement les qualités de Bacheliers, Licenciés , Profeſſeurs , Docteurs & College , mais même faire imprimer des Theſes , faire des Actes publics , donner publiquement le Bonnet, ainſi qu'il ſe pratiquoit dans l'Univerſité , & faire une Faculté ſéparée, & même une Faculté maîtreſſe & principale.* On trouve dans ſa défenſe les mêmes moyens qu'elle eſt encore en état d'employer aujourd'hui , que les termes de LICENTIAM OPERANDI, *qui ſe trouvent dans les Lettres de Philippe le Bel de 1311 , ne ſignifioient autre choſe que la faculté de travailler du Métier de Chirurgie , qu'on ne ſçauroit dire que cette licence ou permiſſion ainſi accordée à un Chirurgien par un autre Chirurgien de travailler de la main , puiſſe paſſer pour une Licence , & le qualifier Licencié de la maniere qu'on parle dans les Univerſités ; que les*

Voyez le Plaidoyer de l'Avocat de l'Univerſité , pag. 76. & ſuivantes.

Pag. 78.

termes

termes avantageux qu'ils trouvoient dans les Lettres de 1544 n'étoient que Pag. 79.
de simples énonciations ; que ces Lettres n'avoient point été communiquées à l'Université ; que le plus grand avantage que les Chirurgiens en pouvoient tirer, étoit de jouir, en qualité d'Ecoliers de la Faculté de Médecine, des privileges dont jouissoient les autres Ecoliers, Officiers ou Serviteurs de l'Université, qui n'ont part dans les droits & honneurs d'aucune Faculté, & qui proprement ne sont pas du Corps ; que quoique nos Rois fussent les Peres & les Fondateurs des Universités, les degrés & la licence de lire & enseigner s'y conféroient de la double autorité Royale & Ecclésiastique, qu'il falloit avoir prêté serment entre les mains du Recteur, du Chancelier de l'Université ou des Doyens des Facultés, & que quand on étoit parvenu à ces degrés, c'étoit sous le nom de l'Université ou des Facultés qu'on en délivroit des Lettres ; qu'on ne pouvoit pas dire qu'il y eût jamais rien eu d'approchant de cela, à l'égard des Chirurgiens qui prétoient serment entre les mains du Prevôt de Paris, & recevoient leurs Lettres de Maîtrise du Premier Chirurgien ; qu'en effet le Concordat & les Actes de la derniere réformation de l'Université dans lesquels on avoit rappellé tous les Ordres qui composoient l'Université, ne faisoient aucune mention des Chirurgiens.

Le Sieur de Lenglet, qui étoit lors Recteur de l'Université, plaida Pag. 90. & suivantes.
lui-même, après que tous les Avocats eurent été entendus, & fit un discours très-éloquent.

Monsieur l'Avocat Général Talon, qui portoit la parole, après avoir rapporté les moyens des Parties, & insisté singuliérement sur ce que, (comme l'Université & la Faculté de Médecine l'avoient soutenu,) Pag. 103.
ces noms de *Licenciés*, de *Bacheliers*, de *Professeurs* étoient des titres que la vanité avoient inventé depuis un siécle, mais qui seroient de conséquence dans le Public, aussi-bien que le nom de Collége, pour introduire une cinquiéme Faculté dans l'Université. Que, quand dans les anciennes Chartres il étoit fait mention du mot de Licence, cela n'induisoit pas un dégré d'honneur, mais une simple permission, & que ces mots *Chirurgus vel Chirurga* marquoient assez que mettant les Sages-Femmes dans le Catalogue des Chirurgiens, l'on ne prétendoit pas leur faire soutenir Thése, des Examens & des Disputes publiques ; que c'etoit ce que les anciens Chirurgiens avoient entrepris de tems en tems, mais qu'autant de fois la Faculté de Médecine s'y étoit opposée, l'Université avoit réclamée ; conclut en disant que les Chirurgiens faisant profession de modestie, devoient reconnoître la supériorité de la Médecine, dont ils étoient les Disciples ; que cet aveu ne diminueroit rien de l'excellence de leur Art, qui s'augmenteroit au contraire lorsqu'ils travailleroient sans jalousie, par la seule émulation de bien faire, & que méprisant ces ornemens de vanité, ils s'attacheroient aux avantages solides de leur profession ; que c'étoit le moyen unique de préserver l'Université de l'introduction d'une cinquiéme Faculté, & de tous les désordres inséparables des nouveautés, de maintenir le lustre & la dignité de la Médecine dans toutes ses parties.

Que par ce terme de *Chirurga* on entende les Sages-Femmes, comme on l'a dit dans cet endroit, ou simplement des femmes qui exerçoient lors la Chirurgie, comme il y a plus d'apparence ; l'argument est toujours le même. Pag. 105.

Sur ces motifs intervint, le 7 Février 1660, Arrêt conforme à ses Pag. 106.
Conclusions, par lequel sur l'opposition à l'union des Chirurgiens de Robe longue & des Barbiers-Chirurgiens, les Parties furent mises hors de Cour, à la charge que les deux Communautés unies demeu-

D

reroient soumises à la Faculté de Médecine, suivant les Contrats des années 1577 & 1644 ; *faisant droit sur la Requête de la Faculté de Médecine, & ayant égard à l'intervention de l'Université, on fit inhibitions & défenses auxdits Chirurgiens-Barbiers, de prendre la qualité de Bacheliers, Licenciés, Docteurs & College, mais seulement celle d'Aspirans, Maîtres & Communauté ; comme aussi on leur fit défenses de faire aucunes Lectures & actes publics, qu'ils pourroient seulement faire des Exercices particuliers pour l'examen des Aspirans, même des démonstrations Anatomiques à portes ouvertes, suivant la Sentence du Prevôt de Paris, du 7 Novembre 1612, sans que pas un desdits Chirurgiens - Barbiers pût porter la Robbe & le Bonnet, que ceux qui avoient été ou seroient reçus Maîtres-ès-Arts, & neanmoins que ceux qui avoient été reçus avec la Robbe & le Bonnet jusqu'à ce jour, pourroient les porter pendant leur vie.*

Telle fut la décision que le Parlement rendit sur cette contestation célébre.

L'on ne parlera point de ce qui s'est passé depuis, parce que les Chirurgiens prétendent que la cessation de leur union avec les Barbiers, doit effacer tout ce qui a été fait dans cet interval ; mais l'on n'a pas crû pouvoir se dispenser de rapporter un Arrêt qui frappe si évidemment sur les qualités & les droits de tous les Chirurgiens indistinctement, & qui a toujours fait, depuis ce tems, la loy des Parties.

Il reste à dire un mot de l'Edit du mois de Septembre 1724, qui fait partie du cahier des piéces que les Chirurgiens ont fait signifier, par lequel le Roy a établi cinq places de Démonstrateurs en Chirurgie.

L'on vient de voir que l'Arrêt de 1660, en défendant aux Chirurgiens les Leçons publiques, leur avoit réservé *les Démonstrations Anatomiques, conformément à la Sentence de 1612.* Cet Edit n'ayant établi que de simples Démonstrateurs, paroissoit par conséquent leur interdire les Leçons publiques ; aussi le lieu de leurs Exercices n'y est-il décoré ni du terme d'Ecole, ni de celui de College, mais simplement de celui d'*Amphithéâtre de Saint Côme.* On a pareillement eu soin d'en retrancher les termes de Professeurs, Bacheliers, Licenciés, Maîtres, & ceux de Dégrés & de Science, qu'on trouve dans quelques-uns de leurs autres Titres, & qu'on prétend qu'ils avoient voulu y faire inférer.

L'Université ayant été instruite qu'ils ne cherchoient cependant qu'à en abuser, en annonçant leurs Démonstrateurs comme seuls Professeurs des principes & de la Théorie de la Chirurgie, crut ne pouvoir se dispenser de s'adresser au Roy ; le Sieur Maréchal à qui son Mémoire fut communiqué, en présenta aussi un de sa part, & sur l'examen des raisons respectives des Parties, intervinrent le 3 Février 1726 de nouvelles Lettres Patentes, par lesquelles le Roy eût la bonté de déclarer, *qu'il n'avoit eu d'autre intention que d'établir par son Edit cinq Démonstrateurs pour les différentes parties de la Chirurgie, sans rien changer ni innover aux droits que pouvoient avoir la Faculté de Médecine, l'Université & la Communauté des Chirurgiens, ni faire aucun Réglement nouveau à cet égard,* & renvoya les Parties au Parlement, *pour y procéder suivant les derniers erremens ; & comme avant ses Lettres*

Patentes en forme d'Edit du mois de Septembre 1724, par lesquelles il n'avoit entendu former aucun préjugé ni fin de non-recevoir en faveur de l'Université, la Faculté de Médecine, & la Communauté des Maîtres Chirurgiens, sur leurs contestations respectives.

Quoique ces nouvelles Lettres eussent été enregistrées le 5 Avril 1726, le Sieur Petit ne laissa pas de faire afficher qu'il enseigneroit la Chirurgie Théorique, & qu'il commenceroit son cours le 5 Août 1727.

Cette démarche ayant obligé l'Université & la Faculté de Médecine de se pourvoir au Parlement, l'affaire y fut encore authentiquement plaidée, & de nouveau appointée.

Tel étoit l'état des choses, lorsque les Chirurgiens ont jugé à propos de se-séparer des Barbiers, & qu'il a été ordonné par la Déclaration du 23 Avril 1743, qu'il ne pourroit être reçu à l'avenir aucun Maître en Chirurgie pour l'exercer à Paris, qu'il n'eut obtenu le grade de Maître-ès-Arts, dans quelqu'une des Universités du Royaume.

L'Université n'a pû se dispenser de rendre compte de ces différens faits historiques, parce qu'en faisant connoître la conduite qu'elle a tenuë dans tous les tems à l'occasion de ces disputes, ils lui tracent la route qu'elle doit encore tenir aujourd'hui.

L A Médecine formant une des quatre Facultés qui composent l'Université, il n'est pas permis à cette Compagnie de perdre de vuë les intérêts; l'on voit qu'elle s'est toujours réunie avec elle dans toutes ces contestations, & elle manqueroit à ce qu'elle doit à ses Facultés, si elle refusoit de s'y joindre encore aujourd'hui.

Un objet également important, & qui doit sans cesse l'animer, est d'ailleurs celui de la conservation des Droits, des Priviléges qui lui ont été accordés, des Loix sous lesquelles elle a vécu jusqu'à présent.

Elle sera toujours prête de rendre au mérite des Chirurgiens & à leurs progrès, la justice qui leur est dûe ; mais elle ne peut répondre à leurs différentes demandes, que ce qu'elle leur a déja dit en 1436, en 1515 & 1576.

Ils demandent à joüir des mêmes droits, privileges & exemptions, dont joüissent les Docteurs, Régens, Officiers & Supôts de l'Université ; ils veulent donner chez eux des Licences, conférer des Degrés, faire des Leçons publiques.

C'est aux Universités seules & à ceux qui en font partie, que ces priviléges, ces exemptions ont été accordés ; la concession des degrés, le droit de lire, d'enseigner publiquement, forment leur appanage spécial.

Ils ne peuvent donc jamais espérer qu'on leur communique ces droits, sans commencer par faire voir qu'ils sont Membres de l'Université.

L'on peut dire, comme on l'a observé, qu'ils le reconnoissent eux-mêmes, puisqu'ils ne les réclament que *comme Membres de l'Université, comme étant reputés faire partie du Corps de l'Université.*

Mais ce n'est point assez de le dire ; ce n'est point assez de le trouver énoncé dans quelques Lettres ; c'est un fait qu'il faut prouver, & dont dépend nécessairement le sort de toutes leurs demandes.

S'ils font partie de l'Univerſité, dans laquelle des quatre Facultés qui la compoſent, font-ils donc placés?

Ils ne font, comme on le leur a oppoſé en 1576 , ni de la Faculté de Théologie, ni de celle de Droit, ni de celle des Arts.

Il eſt vrai qu'il y en a quelques-uns d'entre eux qui font Maîtres-ès-Arts, & que tous doivent l'être dans la ſuite ; mais ce degré de littérature eſt un degré qu'ils pourront acquérir , ſuivant la Déclaration du 23 Avril 1743 , dans toutes les Univerſités du Royaume indiſtinctement , qui ne peut par conſéquent les conduire à une incorporation dans l'Univerſité de Paris.

Ce n'eſt point aſſez d'ailleurs d'être Maîtres-ès-Arts , même de l'Univerſité de Paris, pour devenir Membre de la Faculté des Arts ; cette Faculté, a , comme les autres, ſes regles, ſes loix particulières ; elle eſt même encore plus ſcrupuleuſement aſtrainte qu'aucune autre à ſes uſages, *ſuis eſt circumſcripta finibus*, eſt-il dit dans la Délibération du 23 Novembre 1576; *ea demùm quæ ad Artes humaniores, undè nomen habet, & philoſophandi rationem pertinent, non autem quæ ſunt Artis Chirurgicæ, profiteri debet.*

Ils ſe ſont définis eux-mêmes dans le Mémoire auquel on répond ; puiſqu'ils y demandent à lire, enſeigner , dicter & démontrer publiquement l'Art & Science de *la Médecine-Chirurgique* , ainſi nommée, diſent-ils, dans l'art. 65 de leurs Statuts. Si leur Art dépend & fait partie de la Médecine , ce n'eſt donc que par le canal de la Faculté de Médecine, qu'ils peuvent naturellement appartenir à l'Univerſité. Et ce n'eſt en effet , ſuivant tous les titres dont on a rendu compte , que comme Diſciples , Ecoliers , ou Supôts de la Faculté de Médecine , que l'Univerſité les a admis dans ſon Corps, *tanquam Scholares, tanquam Scholaſtici Facultatis Medicinæ* , & pourvû qu'ils fréquentaſſent ſes Leçons, *proviſo tamen quòd ipſi Lectiones Magiſtrorum actu Pariſius in Facultate Medicinæ Regentium, ut moris eſt, frequentent.*

L'Univerſité ne prétend point entrer dans les diſcuſſions qu'ils peuvent avoir avec la Faculté de Médecine : qu'ils lui ſoient aggrégés comme Ecoliers, comme Diſciples, comme Supôts, ou de telle autre façon qui ſera convenuë entr'eux, pourvû que ce ſoit ſous les étendards de quelqu'une de ſes Facultés qu'ils ſe préſentent, pour participer à ſes priviléges, elle ne s'y oppoſera point.

Mais que les Chirurgiens jouiſſent des Priviléges de l'Univerſité , ſans faire partie d'aucune des Facultés qui la compoſent; c'eſt une entrepriſe à laquelle elle eſt forcée de s'oppoſer.

Ils ne peuvent jamais les avoir comme un Corps indépendant & détaché de l'Univerſité, parce que c'eſt à elle ſeule qu'ils ſont deſtinés & qu'ils ont été concédés ; c'eſt l'appanage particulier & ſpécial de ſes Facultés, & des Membres qui les compoſent ; auſſi ne les demandent-ils eux-mêmes que comme étant réputés en faire partie.

Prétendent-ils former une Faculté diſtincte & particulière, qu'il faille ajouter au nombre de celles qui compoſent le Corps de l'Univerſité ? c'eſt ce que l'Univerſité a combatu dans tous les temps , & ce qu'ils ne peuvent jamais obtenir , parce que,

1°. Leur Profeſſion étant , ſelon eux-mêmes , celle de la Médecine Chirurgique,

Chirurgique , c'est une partie même de la Médecine , & par conséquent ils ne peuvent jamais, par leur propre état, former une Faculté
distincte de celle de la Médecine.

. 2°. L'accroissement d'une cinquiéme Faculté seroit totalement contraire à la constitution de l'Université, & incompatible avec les regles
& les usages qui y ont été observés dans tous les temps.

C'est ce que l'Université leur a déclaré dès 1515 , *conclusit quòd
D. D. Chirurgici admittantur in gremium & consortium Universitatis , non
tanquàm Licentiati aut Magistri in Chirurgiâ, facientes quintam Facultatem , sed tanquam Scholastici Facultatis Medicinæ , dummodò frequentent
Lectiones & actus Medicinæ.* C'est ce qu'elle leur a repeté en 1576.
*Alioquin quinta Facultas erit in Academiam introducenda , cujus vi publi-
cum in eâ docendi munus obire possint , quod quoniam Academiæ decretis &
legibus omninò repugnat fieri nullo modo debet.* C'est ce qui excitoit ses
plaintes en 1660 , & ce qui détermina lors Monsieur l'Avocat Général
Talon, à leur refuser le droit de faire des Lectures & des Leçons publiques , *pour préserver*, disoit ce sçavant Magistrat , *l'Université de l'introduction d'une cinquiéme Faculté , & de tous les désordres inséparables
des nouveautés.*

Ces refléxions simples pourroient dispenser d'examiner les titres qu'ils
ont fait imprimer & signifier ; il est cependant aisé de faire voir qu'ils n'y
peuvent rien trouver qui dérange les moyens qu'on vient de proposer.

L Eurs prétendus Statuts en 83 articles ne sont qu'une compilation
informe faite par les Prevôts de Saint Côme en différens temps ,
& qui n'a aucun caractère d'authenticité.

Ils n'en ont , selon eux-mêmes , qu'une copie collationnée faite en
1614 ; ils conviennent que les articles qui s'y trouvent insérés , l'ont
été les uns en 1260 , les autres en 1268 , 1379, 1396 , 1424 , 1510.
Chaque Prevôt de Saint Côme y a incorporé successivement ses idées,
& ses vuës particulieres.

Les Chirurgiens ne sçauroient eux-mêmes en disconvenir , & c'est
sans doute pour prévenir cette difficulté , & tâcher de leur donner
quelque authenticité , qu'ils ont fait imprimer à la suite quelques frag-
mens de leurs Lettres de confirmation de 1498 , 1547 & 1611 avec
d'autres Lettres du 14 Mars 1609 , & un Arrêt du premier Septembre
1640 ; mais la réponse à ces Piéces se présente d'elle-même.

Les Lettres de 1498 , 1547 & 1611 sont de simples Lettres de confirmation de leurs droits ; il n'y est pas dit un mot de ces Statuts
particuliers en 83 articles. On y rappelle en général les réglemens , les
priviléges qui leur avoient été accordés précédemment par les Rois.
*Quod dudum per bonæ memoriæ defunctos Prædecessores nostros Francorum
Reges , eisdem supplicantibus , & eorum Prædecessoribus data & concessa,
laudata & confirmata fuerunt , certæ concessiones , Statuta , ordinationes,
franchisiæ & privilegia latiùs in litteris dictorum Prædecessorum nostrorum
contenta.* Ce ne sont donc que de ces priviléges & réglemens contenus
dans les précédentes Lettres qu'ils avoient obtenuës , qu'ils demandoient,
& qu'on leur a accordé la confirmation. *Dicta Statuta , jura , ordinationes,*

*exemptiones , franchifias , privilegia , hæc omnia & fingula in iifdem Litteris
contenta laudavimus , ratificavimus , confirmavimus ,* portent les Lettres de
1498 & 1547. *Ayant fait voir en notre Confeil,* difent celles de 1611 ,
*les Lettres de Chartres contenant octrois, immunités , priviléges & exemptions
concédées par les Rois nos Prédéceffeurs. . . . . Avons confirmé & ratifié ,
confirmons & ratifions lefdits octrois , immunités , priviléges & exemptions,
Statuts & Réglemens.* Ces prétendus Statuts en 83 articles n'étant pas
contenus dans les précédentes Chartres qui leur avoient été accordées,
n'ayant été ni examinées ni même repréfentés lorfqu'ils ont obtenu
ces Lettres de confirmation , il n'eft donc pas poffible qu'elles y ayent
la moindre application.

Les Lettres du 24 Mars 1609 font des Lettres particulières dont tout
l'objet a été de donner au Premier Chirurgien la préféance fur les
deux Chirurgiens Jurés du Châtelet ; & elles n'ont été en effet adreffées
par cette raifon qu'aux Officiers du Châtelet ; fi l'on y a dit que le nouveau Statut qui concernoit cette préféance , feroit ajouté à la fin des
autres Statuts , que le Roy confirmoit & approuvoit, cette énonciation peut d'autant moins faire d'impreffion , & fur - tout être regar-
dée comme une approbation de ces Statuts en 83 articles , que ce nouveau
Statut paroît avoir été attaché feul fous le contre-fcel de la Chancel-
lerie , & qu'on ne le trouve point même à la fin des Statuts qu'on re-
préfente aujourd'hui.

L'Arrêt du 7 Septembre 1640 a été rendu entre le Prevôt des Chirurgiens , un Afpirant à la Maîtrife , & deux Chirurgiens qui s'y op-
pofoient ; il n'a jugé que ce qui concernoit la réception de cet Afpirant , & une interdiction de l'entrée dans la Communauté de Saint
Côme que le Prevôt avoit prononcée contre un de ces deux Chirurgiens oppofans ; s'il y a été dit que les Statuts & Réglemens faits pour la
Communauté des Chirurgiens de Robe longue , & les Lettres par eux
obtenuës au mois de Janvier 1544 feroient exécutées , ce n'eft encore
là qu'une énonciation relative aux objets particuliers qui avoient donné
lieu à la conteftation & aux Parties qui la foutenoient , qui ne peut donner
à ces Statuts en général aucun degré d'authenticité , fur-tout contre d'autres Parties.

N'ayant point été examinés dans la forme dans laquelle fe difcutent
tous les Statuts des Communautés , avant qu'ils puiffent avoir force de
loi , il n'en faudroit pas davantage pour les écarter ; n'ayant point été
communiqués à l'Univerfité , l'exécution n'en ayant point été ordonnée avec elle , on ne peut pas à plus forte raifon les lui oppofer.

A l'égard de leurs Réglemens , il faut d'abord écarter celui du mois
d'Août 1301 , qui ne regarde que les Barbiers , & ne peut rien prouver.

Les Lettres de Philippe le Bel de 1311 , qui font leur premier titre,
ne leur donnent aucun des droits qu'ils réclament ; il n'y eft fur-tout
fait aucune mention des priviléges de l'Univerfité ; tout ce qu'on y
trouve , eft une défenfe à tout Chirurgien ou Chirurgienne d'exercer
cette Profeffion dans la Ville & Vicomté de Paris , fans avoir été
examinés & approuvés par Jean Pitard Chirurgien Juré du Châtelet
& fes Succeffeurs , & avoir prêté ferment devant le Prevôt de Paris.

S'il y est dit qu'aucun d'eux ne pourra exercer , *nisi ab ipso vel ejus successoribus licentiam operandi in Arte prædictâ meruerint obtinere* , & que ce sera à lui & à ses successeurs à leur donner *hujusmodi licentiæ concessionem* , il ne faut pas se figurer que ce soit des degrés de Licence , tels qu'ils sont aujourd'hui en usage dans les Facultés , qu'on ait entendu parler.

Le terme de *licentia* ne signifie par lui-même *qu'une permission* ; ainsi le *licentiam operandi* ne signifie dans ces Lettres que la permission d'opérer , d'exercer à Paris l'Art de Chirurgie , c'est-à-dire , *la faculté de travailler du Métier de Chirurgie , faculté qui étant accordée par un Chirurgien à un autre Chirurgien , ne peut jamais passer pour une Licence , ni le réputer Licencié de la maniere qu'on parle dans les Universités.* C'est ce que l'Université a soutenu lors de l'Arrêt de 1660 , & ce qui paroît avoir été adopté par Monsieur Talon , lorsqu'il a dit que *quand dans les anciennes Chartres il étoit fait mention du mot de* Licence , *cela n'induisoit pas un degré d'honneur , mais une simple permission.*

Les Lettres de 1352 sont absolument semblables à celles de 1311.

L'Arrêt du 25 Février 1355 , est un Arrêt passé de concert entre les deux Chirurgiens Jurés du Châtelet , le Prevôt & six autres Chirurgiens , qui n'a fait qu'homologuer une convention qu'ils avoient faite entre eux au sujet de la réception des Aspirans ; s'il est dit dans un endroit qu'on appellera *les Chirurgiens Licenciés en ladite Faculté* , ce sont des expressions impropres , qui ne sont l'ouvrage que des Parties qui avoient rédigé cette convention , dont le sens est d'ailleurs déterminé par ce qui est dit auparavant , & après , que le Prevôt & les Jurés du Châtelet après l'examen fait , doivent donner *la licence & congé aux Chirurgiens suffisans,* qu'ils leur donneront *congé & licence ,* & auront pouvoir de faire prendre *les non licenciés pratiquans & ouvrans* , c'est-à-dire , ceux qui n'auront point été reçus , qui n'auront point obtenu la permission , le congé & licence de travailler.

C'est dans ce même sens qu'on a employé dans les Lettres de 1360 , confirmatives de la Confrairie de Saint Côme , les termes de *Maîtres Chirurgiens Licenciés audit Art , Chirurgiens Licenciés à Paris* , qu'on a dit *que nul ne pourroit s'y entremettre s'il n'étoit Licencié audit Art , examiné & approuvé par les Jurés du Châtelet de Paris & le Prevôt de la Confrairie.* Il est de la derniere évidence qu'on n'a voulu indiquer par-là que les Chirurgiens qui auroient été examinés & reçus dans la forme que les Lettres de 1311 avoient prescrite.

Les Lettres de 1364 ne contiennent rien de plus , que celles de 1311 & 1352.

Celles de 1370 ne concernent qu'une exemption du droit de guet & de la garde des portes , qui ne leur a pas même été accordée par aucun motif de participation de leur part aux priviléges de l'Université , mais sur ce que leur Profession les obligeoit à être prêts à tous momens à servir le Public , *licet ipsos omni horâ de dicto Officio exercendo oporteat esse paratos.*

Si l'on y trouve le terme de *non Gradués* , il ne s'ensuit pas qu'il y eût chez eux de véritables Grades ; on n'a encore entendu par-là qu'écarter ceux qui n'ayant point été reçus ne laiſſoient pas d'exercer ſous le nom de quelques-uns des Maîtres Chirurgiens , *pro non Graduatis , qui ſe. dicto exercitio immiſcuerunt , licet in hoc ſint experti , illudque ſaltem ſub regimine & nominibus Magiſtrorum exercere conſueverint.*

Il eſt vrai qu'ils avoient pris dans la Supplique qui y eſt rapportée , la qualité de Maîtres , Jurés , Licenciés & Bacheliers dans l'Art de Chirurgie , *Magiſtrorum , Juratorum , Licentiatorum & Baccalaureorum in Arte Chirurgiæ* ; mais outre que ces expreſſions ne ſont que dans l'expoſé , l'on ſçait que ces noms ſe ſont introduits , même dans pluſieurs Communautés de ſimples Artiſtes ; l'on peut voir entr'autres comment s'en ſont expliqués à leur égard Paſquier *(a)* & Monſieur Talon *(b)*.

(a) Tom. 1. pag. 970.
(b) Statuts de la Faculté de Médecine, p. 103.

Si les Chirurgiens ne ſont pas contents de l'autorité de ces grands hommes , on leur en oppoſera encore une plus reſpectable ; on la trouve dans la Déclaration même qu'ils ont obtenuë le 23 Avril 1743 , dans le préambule de laquelle il eſt dit , *qu'ils avoient introduits parmi eux différens grades de littérature , à l'imitation des degrés qui étoient établis dans les Facultés ſupérieures du Royaume.*

Si ces qualifications pompeuſes n'ont jamais été qu'une imitation des degrés établis dans les Facultés , ce n'étoient donc point de véritables degrés , comme ils voudroient le faire entendre aujourd'hui , & par une conſéquence néceſſaire ils ne peuvent en tirer aucun avantage.

C'eſt par la nature même de leur état , & non par ces expreſſions , qu'il faut juger de leurs droits.

L'Univerſité n'a garde de trouver mauvais qu'ils ayent chez eux des exercices , des épreuves de capacité avant leur admiſſion à la Maîtriſe ; mais que , ſans lui appartenir , ils les metamorphoſent en véritables grades littéraires , qu'ils uſurpent ſes droits & ceux de ſes Facultés , c'eſt ce à quoi elle ne peut jamais conſentir.

Que la Chirurgie ſoit un ſimple Art , ou qu'elle mérite d'être honorée du nom de Science , c'eſt une diſcuſſion qui n'intereſſe point l'Univerſité : ainſi l'on ne s'attachera point aux Lettres du 3 Août 1390 , qu'ils rapportent à ce ſujet.

Celles de 1381 , 1470 , 1484 , 1498 , 1514 , ne ſont que des Lettres de confirmation , qui par conſéquent n'ajoutent rien à celles que l'on vient d'examiner.

Ils inſiſtent ſingulierement ſur celles du mois de Janvier 1544 ; l'on a déja obſervé que ces Lettres , quoique ſuivies de trois Lettres de Juſſion , n'avoient pas pû être enregiſtrées au Parlement ; ne leur ayant d'ailleurs accordé les priviléges des Supôts de l'Univerſité , que dans la ſuppoſition qu'ils en faiſoient partie , qu'ils étoient réputés du Corps de l'Univerſité & du nombre de ſes Supôts , il faut donc néceſſairement remonter plus haut , & examiner à quel titre , en quelle qualité ils lui ont été aggrégés.

Dès que les Decrets de l'Univerſité conſtatent que ce n'eſt que comme Diſciples de la Faculté de Médecine qu'ils ont été admis dans ſon Corps , *non tanquam Licentiati aut Magiſtri in Chirurgiá facientes quintam Facultatem , ſed tanquam Scholaſtici Facultatis Medicinæ , dummodò frequentent Lectiones & Actus Medicinæ ,* ce n'eſt donc qu'en cette qualité

que

que les priviléges des Supôts, leur ont été accordés par ces Lettres, ce n'eſt qu'à ce titre qu'ils peuvent encore aujourd'hui aſpirer à en profiter. Prétendre de leur part ſe les arroger ſans faire partie de l'Univer‑ ſité, ſans être Membres d'une de ſes Facultés, ce ſeroit s'élever contre les Lettres mêmes qu'ils invoquent.

Vouloir les avoir comme une cinquiéme Faculté ajoutée au Corps de l'Univerſité, ce ſeroit renverſer toutes ſes Conſtitutions, contredire ouvertement les Decrets qui les ont reçus, & auſquels ils ont acquieſcé.

Les Lettres de 1547, 1567, 1576 & 1594, ne ſont que de ſim‑ ples Lettres de confirmation ; on a même affecté, comme on l'a ob‑ ſervé, d'en retrancher toutes les expreſſions qui ſe trouvent dans celles de 1544, & qui en avoient vraiſemblablement empêché l'enregiſtre‑ ment.

Celles du 10 Janvier 1577 leur avoient, à la vérité, accordé le droit de faire des lectures publiques.

Ils s'étoient encore préſentés lors à Henry III comme Membres de l'Univerſité, comme ayant toujours été maintenus ſous ſon autorité dans la jouiſſance de leurs priviléges, quoiqu'ils en euſſent été nom‑ mément exclus par le Decret de 1576, & il eſt expreſſément marqué dans ces Lettres que ce Prince ne les leur avoit accordées que *pour fa‑ voriſer la grandeur & augmentation de ſon Univerſité.*

Quel a été en tout cas leur ſort ? les ayant préſentés à l'enregiſtre‑ ment, le Parlement a pris le parti d'ordonner par ſon Arrêt du 12 Fe‑ vrier 1577 qu'elles ſeroient communiquées à l'Univerſité & à la Fa‑ culté de Médecine ; ils ont craint cette communication, ils n'ont oſé aller plus loin, & ils ont en quelque ſorte abandonné leurs Lettres.

Ils ſe ſont tournés du côté de la Cour de Rome, ils y ont obtenu leur Indult du premier Janvier 1576, qui autoriſoit le Chancelier de l'Univerſité à leur conférer la Bénédiction Apoſtolique ; mais l'Uni‑ verſité & la Faculté de Médecine en ayant interjetté appel comme d'abus, l'affaire a été appointée par l'Arrêt du 21 Mars 1582 ; la pro‑ viſion leur a même été refuſée, & ce refus confirmé par un deuxiéme Arrêt du 21 Mars 1609.

Leurs Arrêts des 15 Janvier & 27 Mars 1610 n'ont eu pour objet que les découvertes que Severin Pineau avoit faites ſur la Taille, dont il étoit néceſſaire d'inſtruire le Public, & ne peuvent être tirés à con‑ ſéquence.

Celui du 8 Octobre 1622 a été rendu en vacations ſur les conclu‑ ſions d'un Subſtitut, entre les Chirurgiens & un Chirurgien particulier qui leur avoit donné une ſomme pour l'établiſſement de deux Profeſ‑ ſeurs ; l'Univerſité ni la Faculté de Médecine n'y ayant point été Par‑ ties, on ne peut jamais en argumenter contre elles.

Les Lettres de 1611 & 1644 ne ſont encore que des Lettres de con‑ firmation qui ne leur ont rien donné, n'ont rien ajouté à leurs droits ; ſi l'on y a employé les termes de *Profeſſeurs, & de College,* ce n'a été que parce que les Chirurgiens qui les ont obtenues s'étoient annoncés eux-mêmes comme faiſant partie du Corps de l'Univerſité.

Si l'on ne ſçauroit raiſonnablement prétendre qu'ils ayent pû par ces énonciations se faire un nouveau titre, changer, augmenter leurs droits, si l'on ne peut pas dire sur-tout qu'on ait entendu par-là préjuger les questions sur lesquelles les Parties étoient en contestation au Parlement, & qui y avoient été appointées par les Arrêts de 1582 & 1609, ils ne peuvent donc encore en tirer aucun avantage.

C'est aussi ce qui paroît avoir été décidé avec eux en 1660, puisque malgré tous leurs efforts & tous leurs Titres, on leur a fait défenses de *prendre la qualité de Bacheliers, Licenciés, Docteurs & Collège, & de faire aucunes Lectures & Actes publics*, on leur a simplement permis de faire des Exercices particuliers pour l'examen de leurs Aspirans, & des Démonstrations Anatomiques.

Il est vrai que cet Arrêt a été rendu dans le tems qu'ils s'unissoient avec les Barbiers, & que rompant aujourd'hui toute société avec eux ils demandent à jouir des mêmes droits, honneurs & privilèges dont ils étoient en possession avant leur union.

Mais, quelle étoit donc avant cette union leur situation par rapport à l'Université ? Les Décrets de 1436 & 1515, qui ne les avoient aggrégés à l'Université, que comme Disciples ou Ecoliers de la Faculté de Médecine, & à condition qu'ils fréquenteroient ses Leçons ; celui de 1576, qui faute de satisfaire à cette condition les en avoit exclus ; la communication de leurs Lettres du 10 Janvier 1577 à l'Université, que l'Arrêt du 12 Février 1577 avoit ordonnée ; le Procès appointé par les Arrêts des 21 Mars 1582, & 21 Mars 1609, sur l'appel comme d'abus de leur Indult, & des Bénédictions Apostoliques dont il avoit été suivi.

Nous allons, disent-ils, devenir des gens de Lettres, nous réunirons l'Etude à notre Art, nous nous astraignons à nous faire recevoir Maîtres ès Arts dans quelqu'unes des Universités du Royaume ; l'Université qui est la mere des Lettres & des Arts, doit-elle s'opposer à un dessein aussi favorable ?

Non, sans doute, l'Université ne s'y opposera point ; l'hommage qu'on rendra aux Lettres & à l'Etude, dans quelqu'état que ce soit, sera toujours cher à ses yeux.

Mais, ce dévoüement à l'étude, à la qualité de Maîtres-ès-Arts est-il donc suffisant pour leur communiquer ses Priviléges, pour leur donner le droit de Grades, celui de faire des Leçons publiques.

Les Priviléges de l'Université ne sont point à elle ; elle en est comptable aux Facultés qui la composent, & ne peut jamais souffrir qu'on les communique à d'autres qu'à ses Membres.

Le droit de donner des Grades, celui de Lire & Enseigner publiquement, sont ses appanages les plus précieux ; chacune de ses Facultés en a l'usage & l'exercice dans son Corps, & sur les sujets qui s'adonnent aux études qu'on y professe.

La Chirurgie n'étant, suivant le Mémoire même des Chirurgiens, que la Médecine Chirurgique, c'est sous les étendards de la Faculté de Médecine qu'ils paroissent devoir se ranger, c'est dans cette Faculté qu'ils doivent chercher les Grades, & les Leçons publiques ; les Exercices particuliers de leur Communauté ne peuvent jamais être que de simples épreuves de capacité , nécessaires dans toutes les Communautés pour conduire à la Maîtrise.

A l'égard des Priviléges , des exemptions des Supôts , l'Université ne les leur a jamais refusés & ne les leur refuse point encore , mais la condition sous laquelle ils peuvent les obtenir , est écrite dans tous les Décrets qu'ils ont eux-mêmes demandés & exécutés

S'il est certain que ces Priviléges n'ayant été accordés qu'à l'Université & aux différens Membres qui la composent , sont par leur nature incommunicables à tous ceux qui ne font point partie de son Corps , qu'ils se jugent eux-mêmes.

A quel titre , en quelle qualité veulent-ils les avoir ? S'ils ne font point Membres de l'Université , ils ne peuvent jamais y aspirer ; s'ils font ses enfans , qu'ils articulent donc , qu'ils prouvent leur filiation , qu'ils déclarent la Faculté dans laquelle ils font rangés.

S'ils n'en peuvent indiquer d'autre que celle de la Médecine , si leur état même , si tous les Décrets dont on a rendu compte les y renvoyent , qu'ils s'arrangent donc avec elle , avant de s'adresser à l'Université.

L'Arrêt par lequel le Roy a eu la bonté d'ordonner que leur Mémoire seroit communiqué à l'Université & à la Faculté de Médecine , est une preuve authentique de son amour pour la justice , de son attachement aux régles & à la conservation des droits des différens Corps de son Royaume.

Il étoit du devoir de l'Université de rendre compte de ses Droits, de ses Usages , de ses Constitutions , puisque son Souverain en a voulu être instruit.

Elle n'a rappellé que les faits qu'elle a trouvés écrits dans des monumens publics; que les Chirurgiens ne la regardent pas comme leur ennemie , mais qu'ils se rendent justice à eux-mêmes ; elle ne peut leur répondre que ce qu'elle leur a déja dit dans tous les tems ; ses Décrets font sa loy & doivent faire la leur ; qu'ils les exécutent de bonne foy & toutes les disputes disparoitront.

VALLETTE LE NEVEU,
Ex - Recteur.

De l'Imprimerie de THIBOUST , Imprimeur du ROY , Place de Cambray. 1744.